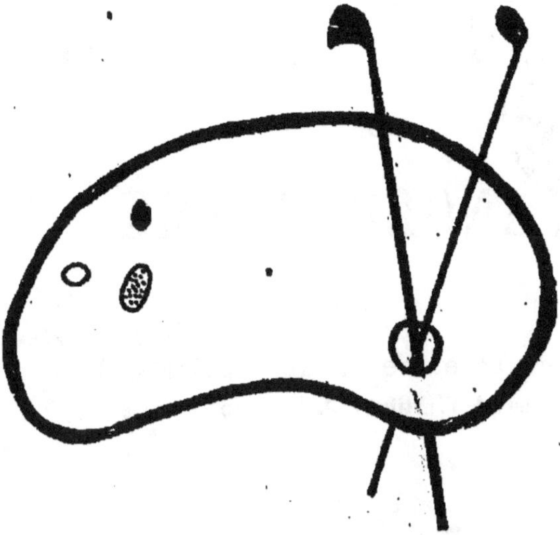

DEBUT D'UNE SERIE DE DOCUMENTS
EN COULEUR

LA
QUESTION BIBLIQUE
DANS
L'ANGLICANISME

PAR

Mgr Pierre BATIFFOL
Recteur de l'Institut catholique de Toulouse

PARIS
LIBRAIRIE BLOUD & Cie
4 RUE MADAME ET RUE DE RENNES, 59

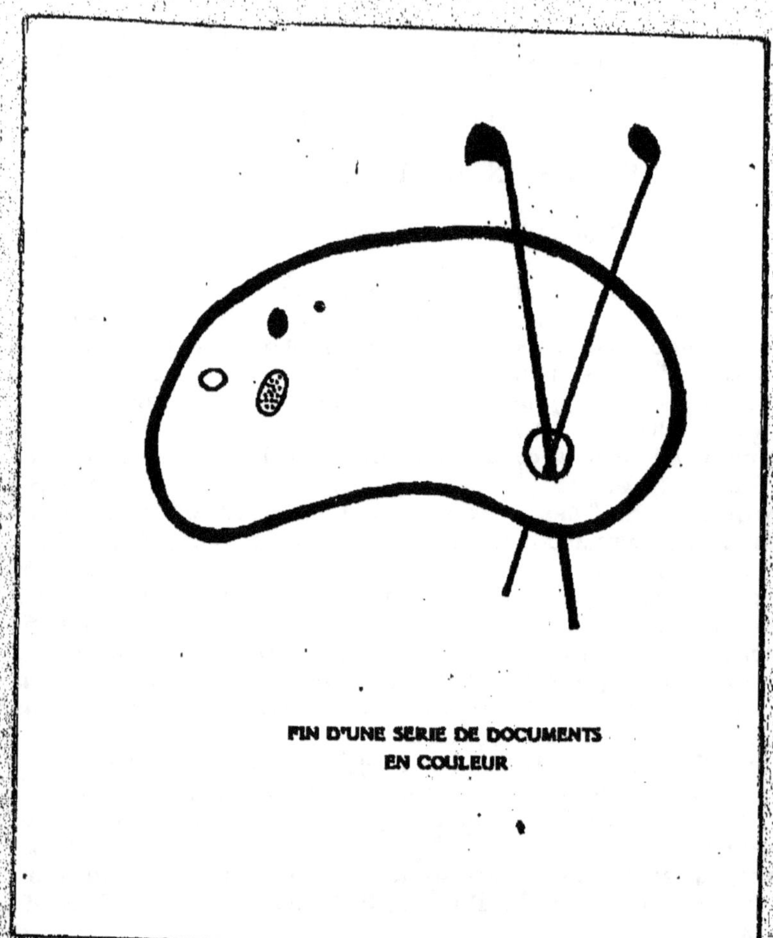

FIN D'UNE SÉRIE DE DOCUMENTS
EN COULEUR

LA
QUESTION BIBLIQUE

DANS

L'ANGLICANISME

PAR

Mgr Pierre BATIFFOL

Recteur de l'Institut catholique de Toulouse

PARIS

LIBRAIRIE BLOUD & Cie

4 RUE MADAME ET RUE DE RENNES, 59

AVANT-PROPOS

L'étude, que l'on m'a demandé de réimprimer dans
la présente brochure, est un article publié dans le *Correspondant* du 10 juillet 1905. Elle est reproduite ici
telle qu'elle a paru dans le *Correspondant*, mais on
trouvera, à la suite, des extraits d'une note lue par
M. Sanday au Church Congress de 1903, note à laquelle je n'avais pu faire qu'allusion dans mon article,
et qui éclaire bien l'attitude des critiques anglicans
modérés.

La pensée qui m'a conduit à donner cet article
au *Correspondant*, était d'exposer aux catholiques de
France que la critique historique est une phase inévitable de la science religieuse, et qu'il importe de
n'être point dupe de cette alternative où certains voudraient nous enfermer, et qui ne nous laisserait le
choix qu'entre une foi aveugle et une critique dissol-
vante.

Ce que j'ai essayé de faire entendre là est cela
même que Mgr d'Hulst disait déjà, en 1891, et il ne
paraît pas qu'il soit, en 1905, moins urgent de le re-
dire.

Mais, en 1891, on n'avait pas traversé la crise doctrinale dont nous avons connu l'épreuve en 1903 et
1904, en France. On n'avait pas vu une critique ou-

trancière au service d'une ruineuse philosophie de la révélation, se proposer aux catholiques et au clergé de France comme le dernier mot de la science biblique. Nous avons dû, mes amis et moi, prendre position; repousser cette philosophie comme intruse dans le domaine de la critique; montrer que, dans ce domaine même, il y a critique et critique, et que les solutions les plus neuves ne sont pas les plus assurées. En certains milieux, et tout particulièrement en Angleterre, on ne nous a pas pardonné notre attitude. Des anglicans, et des catholiques anglais aussi, ne nous ont épargné ni les invectives directes, ni les insinuations injurieuses.... La seule réponse que nous croyons opportune est d'exposer ce qui se passe en Angleterre.

M. P., 28 août 1905.

LA QUESTION BIBLIQUE
DANS L'ANGLICANISME

Le clergé anglican est, à l'heure où nous écrivons, passionné par une controverse, analogue à celle que déchaîna récemment en Allemagne la retentissante question *Babel und Bibel*. De la sphère plus sereine des livres et des grandes revues, la controverse en est aujourd'hui aux échanges de lettres pour et contre la critique biblique, dans des journaux comme le *Daily Telegraph* ou le *Standard*. C'est une mêlée instructive, pour nous particulièrement qui considérons l'Angleterre comme un pays, plus qu'aucun autre, attaché à la Bible et versé dans les études bibliques.

Assurément, ce n'est pas que l'Angleterre ait l'hégémonie de ces études, car, dans la mesure où pareille hégémonie est possible, elle serait plutôt en Allemagne. La théologie spéculative et la philosophie de la religion sont des disciplines où l'Angleterre anglicane est médiocre. De même, les fortes et originales constructions historiques lui auront manqué. Elle n'aura été de premier ordre que dans ce que nous appelons la critique textuelle de la Bible : nous lui devons une édition critique du Nouveau Testament grec, qui a fait époque (1881) ; elle travaille à une édition critique de l'Ancien Testament grec, que personne n'osait entreprendre, si énorme était l'entreprise ; elle publie une admirable édition critique du Nouveau Testament latin de saint Jérôme ; et autour de ces œuvres maîtresses, combien de travaux d'approche ! Cette recherche patiente et comme infinitésimale du texte le plus exact est un trait caractéristique de la piété de nos voisins. Ils sont éminemment des biblistes, et l'Angleterre la patrie des sociétés bibliques. Ils sont attachés religieusement à la lettre de la parole divine. Pour l'avoir plus pure ils n'ont rien épargné, pas même la vieille version officielle de 1611, — *The authorized version*, — qu'ils ont refaite, malgré d'incalculables difficultés, en 1881.

L'Angleterre aura aussi le mérite d'avoir donné ou suscité à l'Ecriture sainte d'excellents commentateurs. Elle n'a pas voulu se contenter de simples traductions de commentaires allemands. Elle a voulu en produire à son usage et comme adaptés à son génie propre : les uns presque élémentaires, comme la *Cambridge Bible for schools*, les autres composés en vue de la prédication, comme le *Speaker's Com-*

mentary ou l'*Expositor's Bible*. A côté de ces commentaires globaux, elle en produit de partiels, quelques-uns admirables de claire et souple intelligence, d'érudition, de minutie philologique. Tel commentaire de telle épître de saint Paul, de l'ancien évêque de Durham, Lightfoot, ou de son successeur sur le même siège épiscopal, Westcott, pour ne citer que des morts, sont des œuvres qui n'ont pas d'égale ou du moins de pareille en Allemagne.

Pour ne rien dire enfin des revues anglaises qui ont trait exclusivement ou surtout à la Bible, ce sera une dernière preuve de l'intensité du labeur biblique en Angleterre que de mentionner les deux dictionnaires de la Bible qui ont été mis sur chantier concurremment, celui de Hastings et celui de Cheyne, le *Dictionary of the Bible* et l'*Encyclopædia Biblica*. Ce sont, à vrai dire, des frères ennemis, et nous aurons l'occasion de revenir sur cette opposition de tendances ; mais en moins de six années ces deux encyclopédies ont été menées à bonne fin, Hastings ayant commencé à paraître en 1898, et Cheyne l'année d'ensuite, et cette exceptionnelle activité valait la peine qu'on la signale.

Elle déborde l'Eglise anglicane, à parler strictement, comme elle déborde l'Angleterre. Mais on observera que l'Eglise anglicane, jusqu'ici, s'est orientée dans ce mouvement, avec sang-froid et une claire vue de sa marche. Pour autant que l'Eglise anglicane est ouverte au protestantisme et au libre examen, ce flegme doctrinal nous rassurerait mal; mais pour autant qu'elle est une Eglise digne encore de ce nom, son attitude devient singulièrement instructive pour nous. Que l'Eglise d'Angleterre soit « établie » et qu'elle participe à nos yeux à la stabilité des institutions anglaises; qu'elle ait des dignitaires à la Chambre des lords et les plus riches chaires des vieilles universités; qu'un ancien régime, défunt chez nous depuis longtemps, se maintienne à son bénéfice jusqu'à la dîme inclusivement : il n'y a là rien qui rapproche son sort du nôtre, bien au contraire. Mais ce qui doit nous toucher, c'est que cette Eglise vive toujours en une foule d'âmes, d'une vie spirituelle très profonde et très agissante; qu'elle garde des dogmes, des sacrements, une hiérarchie; qu'elle se réclame de la tradition catholique, celle des vieux conciles généraux et des premiers symboles ecclésiastiques; qu'elle veuille être une Eglise de tradition et d'autorité; qu'elle le soit, — et que, cependant, elle ait accueilli la critique dans sa Bible.

Mais, ce faisant, a-t-elle été inconséquente? Aurait-elle, sans y prendre garde, travaillé à détruire ce qu'elle pensait défendre? La critique mèneraitelle au naturalisme comme à une conclusion inéluctable ? Ce sont là les questions qui sont posées à la conscience anglicane par la controverse actuellement ouverte.

*
* *

Introduire la critique dans la lecture de la Bible, disons-le d'abord, n'est pas une nouveauté ; car lire c'est comprendre, et comprendre c'est nécessairement exercer sa propre faculté de juger. Le champ est plus vaste qu'on ne croit, même pour nous, catholiques, à qui le Concile de Trente fait un devoir de professer que l'Eglise a le pouvoir de « juger du vrai sens et de l'interprétation des Saintes Ecritures », et à qui ce même Concile fait promettre de ne pas interpréter les Ecritures, « sinon d'accord avec le consentement unanime des Pères ». Car cette règle ne vise, dans la pensée du Concile de Trente, que les textes dogmatiques : elle n'atteint, en fait, que quelques textes qui furent, au xvie siècle, objet de controverses dogmatiques entre protestants et catholiques.

Le critérium posé par le Concile de Trente ne s'applique donc qu'à une infime part de l'Ecriture Sainte : le reste est livré à l'intelligence de chacun, à l'initiative privée des exégètes. Ce sera à leur prudence de ne pas perdre de vue le caractère unique de ce livre, qui est d'être inspiré. Mais, en cela même, leur condition ne sera pas différente de celle des philosophes et des théologiens, lorsqu'ils scrutent les données divines du dogme, et qu'ils les construisent en systèmes ou qu'ils les expliquent rationnellement. La scolastique du Moyen Age est, à sa façon, une critique. Et, ainsi, l'on peut dire que la critique, comme la théologie, est, dans le christianisme, contemporaine de la réflexion des fidèles sur la foi.

La nouveauté est que le fidèle trouve aujourd'hui dans sa réflexion et dans sa culture des difficultés que nos anciens n'ont pas connues, ou que, les connaissant, ils résolvaient par des réponses provisoires qui ont aujourd'hui perdu de leur valeur. Le 15 octobre 1904, M. Armitage Robinson, doyen de Westminster, un des meilleurs érudits de l'Eglise anglicane, présidant la réunion annuelle des membres de l'œuvre des « Ecoles du dimanche », parlait à ces missionnaires laïques de leurs difficultés et de leurs scrupules dans l'enseignement de la religion aux enfants.

Il y faut apporter, leur disait-il, beaucoup de savoir et de réflexion. Ce livre que vous tenez dans vos mains n'a pas changé : c'est nous qui avons changé. Beaucoup de lumière nouvelle nous a été donnée par Dieu sur notre constitution d'homme et sur la constitution du monde où nous vivons ; cette lumière nouvelle, diffuse tout autour de nous et qui nous atteint tous, si épars qu'en soient les rayons, fait que nous lisons la Bible autrement qu'on ne la lisait jadis. Toute notre conception de la méthode de son inspiration s'est modifiée. Bien des choses que nos aïeux prenaient au pied de la lettre, nous ne pouvons plus les prendre au pied de la lettre. Le premier chapitre de la Genèse ne signifie plus pour nous que le monde a été créé en six jours. Le second chapitre de la Genèse ne signifie plus pour nous que Dieu a façonné de l'argile en une figure d'homme qu'il a ensuite animée de son souffle, ni qu'il a pris une côte d'Adam pour en former Eve. Ce sont pour nous autant d'allégories ou de paraboles, qui proclament toujours les mêmes leçons spirituelles, leçons intangibles à l'investigation moderne. La vérité spirituelle sous-jacente est enseignée par la Bible en une forme qui a été prise d'abord littéralement, et qui n'est plus pour notre pensée qu'une parabole. L'entendre ainsi n'est pas pour nous un exercice difficile ; et il n'est pas davantage difficile d'y former les enfants, pour qui les histoires sont la forme naturelle des leçons morales, et qui n'ont pas l'habitude de demander : Est-ce vrai ? Est-ce arrivé ? Mais aux enfants qui ont grandi, et qui veulent savoir, nous devons une réponse honnête. Nous devons les instruire de telle sorte que, quand ils nous quittent, ils ne soient pas déconcertés par la première question qui leur est posée, et par exemple celle-ci : Où Caïn a-t-il pris sa femme ?

Si j'ai cité cette allocution de M. Armitage Robinson, c'est que, mal comprise, elle a eu en France même quelque retentissement, grâce à la presse qui nous l'a présentée comme un cas. Elle ignorait que les sentiments exprimés par le doyen de Westminster lui sont communs avec les membres les plus éminents de son Eglise. Je n'en donnerai pour preuve que telles paroles prononcées au *Church Congress* tenu en octobre dernier (1904) à Liverpool.

On sait que, tous les ans, il se tient un semblable congrès ecclésiastique, chaque année dans une ville différente : ces congrès se réunissent sous le patronage et avec la participation des évêques anglicans : on y discute simplement, à titre d'échange de vues, toutes les questions, soit spirituelles, soit temporelles, qui se posent pour l'Eglise d'Angleterre et son clergé. Combien de fois ai-je souhaité que, sous la direction de nos évêques, et avec la participation de spécialistes, on pût introduire trois ou quatre débats de ce genre dans les exercices annuels de nos retraites pastorales ! Quoi qu'il en soit de nous, il suffit de parcourir le compte rendu publié *in extenso* du congrès de Liverpool pour surprendre à maintes reprises l'affirmation de sentiments analogues à ceux du doyen de Westminster. Par exemple, dans le discours d'ouverture du président du congrès, M. Francis James Chavasse, évêque de Liverpool, et mieux encore dans le rapport oral de M. Vernon Storr, recteur à Bramshott.

Ce dernier s'exprime ainsi :

Par-dessus tout, je plaiderai en faveur d'un sérieux enseignement biblique dans nos écoles, d'un enseignement qui puisse être de telle nature que les enfants n'aient pas à désapprendre plus tard ce qu'on leur aura enseigné. Sans doute, cette instruction est difficile à donner, elle exige pour chaque leçon une préparation plus longue que beaucoup d'entre nous ne sont en mesure de la fournir.

Mais il n'y a pas de sacrifice à épargner, s'il s'agit de prévenir l'épreuve du doute qui se produit le jour où l'esprit se demande si la vérité divine est autre que ce qu'on lui avait dit de croire qu'elle était, ou, du moins, si elle ne réclame pas une présentation différente et nouvelle.

Et cela implique que le clergé d'abord, mais également quiconque enseigne le christianisme, doit travailler à maintenir la paix avec le progrès du savoir. Il y a là un devoir solennel et sacré d'enseigner les vérités qui nous sont chères sous des formes fraîches et vivantes... Sans cela, tout incrédule tendra à devenir une force agressive, et inévitablement fera effort pour dissiper la foi d'autrui... Et ce sera une bien insuffisante réponse que de répliquer que le christianisme est premièrement une vie, tout le reste étant questions d'importance secondaire.

Le doyen de Westminster et le recteur de Bramshott, en demandant que la critique s'introduise dans l'enseignement primaire de l'histoire sainte, laissent entrevoir que la question plus haute et plus générale de l'introduction de cette même critique dans l'étude de la Bible est pour l'enseignement supérieur une question déjà résolue. Il en est bien ainsi en fait. Et le doyen de Westminster définit l'attitude dès longtemps prise par son Eglise, quand il conclut : « Accueillons toute lumière qui nous vient de la nature et de l'étude, de la science et de la critique, et ne nous effrayons pas de voir des problèmes se poser encore... La Bible est un livre plus prodigieux de beaucoup que nous ne l'avons jamais cru. » L'évêque de Liverpool s'exprime de même, en se réclamant de l'autorité de Butler, qui est, on le sait, le Fénelon de l'Eglise d'Angleterre.

*
* *

Accueillir toute lumière, n'est-ce pas, en effet, la loi même des intelligences ? Quiconque voudrait aller contre cette loi ne renoncerait-il pas à s'adresser à l'intelligence ? Pour peu qu'on suive la marche de la science sacrée depuis l'origine, ne la voit-on pas évoluer paisiblement suivant cette loi ?

On peut citer, en exemple, ce qui s'est produit dans le champ de la critique des textes bibliques. Nos ancêtres, ceux du XVIᵉ siècle, l'imprimèrent d'abord tels qu'ils l'avaient dans les manuscrits à leur usage, c'est-à-dire dans des manuscrits, qui, étant les plus récents, avaient chance d'être les plus altérés, et on s'en aperçut vite. Mais il suffit alors de feuilleter des manuscrits anciens pour découvrir que les anciens n'étaient pas d'accord avec les récents, et que les anciens eux-mêmes n'étaient pas d'accord entre eux. C'est le jeu des variantes, jeu d'autant plus animé qu'il y a plus de manuscrits : et nous avons des milliers de manuscrits de la Bible, en hébreu, en grec, en syriaque, en copte, en latin, en gothique, en éthiopien, en arménien, en slavon..., je ne parle que des langues anciennes. Pour couper court à l'incertitude et au désarroi où l'absence d'une méthode scientifique plongeait les controversistes, le concile de Trente décréta que la Vulgate, c'est-à-dire la version latine de saint Jérôme, ferait seule foi. On aimait à dire alors que la Vulgate, tant elle différait du grec et de l'hébreu, était entre les Septante et l'Hébreu comme le Christ entre les deux larrons !

Mais peu à peu ce tumulte des textes contradictoires s'est apaisé ; une science patiente et méthodique a pris possession de ces études ; les manuscrits, si grand que fût leur nombre, ont été inventoriés, décrits, collationnés, classés par familles dont on a pu dresser comme la généalogie ; on a fait l'histoire du texte, de tous les textes, comme la géologie a pu faire l'histoire des terrains. Nous arrivons aujourd'hui à restituer le texte le plus ancien, soit grec, soit hébreu, de la Bible, par une méthode rigoureuse.

S'agit-il de l'hébreu, un élément nouveau est intervenu. Les Psaumes ne sont pas, en effet, les seuls morceaux « poétiques » de l'Ancien Testament ; un bon tiers de la Bible hébraïque est de la « poésie », et cette « poésie » n'est pas, comme on le pensait encore il y a cent ans, un simple jeu d'antithèses et de parallélismes : on s'est avisé qu'il y entre toute une arithmétique de syllabes, de rythmes, de strophes. Des prophètes comme Abdias, comme Joël, comme Amos, comme Osée et les autres, ne sont pas des orateurs improvisant sous le souffle qui les emporte, mais des lyriques qui se sont astreints à des règles aussi sévères et aussi pointilleuses que celles des lyriques grecs, encore que d'un autre ordre. Cette arithmétique est si exacte que l'on peut en faire état pour rétablir le texte original, et prononcer que tels mots n'en font pas partie ou ne sont pas à leur place vraie, à la façon dont nous rétablirions le texte de la chanson de Roland, si d'aventure il nous avait été transmis par des copistes et par des éditeurs qui n'eussent pas soupçonné qu'elle était en vers.

La critique du texte sacré s'est donc paisiblement assimilé ces éléments scientifiques. Si, comme je l'ai dit en commençant, l'Angleterre a aujourd'hui en mains la maîtrise des études textuelles, et si ces études n'excitent l'émoi de personne au monde, les études toutes récentes sur la métrique de l'Ancien Testament se trouvent avoir été poussées surtout par des catholiques d'Autriche et de France, et quelques Jésuites y excellent. Que nous voilà loin du désarroi contemporain du concile de Trente, et aussi bien des mesures conservatrices prises soit par le concile, quand il décrétait l'authenticité de la Vulgate, soit par l'Eglise anglicane, quand elle publiait la « Version autorisée » !

*
* *

L'évolution, dont nous atteignons si tranquillement le terme dans le champ de la critique textuelle, se produit pareillement dans le champ de la critique littéraire de la Bible, car la Bible a une histoire littéraire. Mais ici l'évolution est moins aisée, pour

2

cette raison que l'histoire littéraire, qu'avec les méthodes modernes nous sommes amenés à esquisser, diffère très sensiblement de celle que nos ancêtres, et même nos contemporains d'hier, pour ne rien dire de ceux d'aujourd'hui, avaient accoutumé de tenir pour acquise.

Il s'est produit, dans l'histoire littéraire de l'Ancien et même du Nouveau Testament, plusieurs « questions » que l'on ne saurait mieux comparer qu'à la fameuse « question homérique ». Nos écoliers apprennent sans scandale qu'un seul Homère n'a pas pu être l'auteur de l'Iliade et de l'Odyssée, et que l'Iliade, en particulier, est un agrégat de matériaux qui sont allés s'accumulant de génération en génération, jusqu'au jour où les artistes d'une époque plus littéraire prirent en mains ces matériaux, ordonnèrent les fragments épars et construisirent l'Iliade : Pisistrate mit le sceau à leur œuvre en publiant l'édition officielle qui nous est parvenue. Cette théorie est celle des *Prolégomènes* de Wolf, qui, vérifiée, nuancée, développée, est aujourd'hui classique, après un siècle de discussion. Mais il ne faut jamais oublier que, quand Wolf la proposa, en 1795, elle dérouta les esprits les plus libres : Schiller, au nom de l'esthétique, la déclara barbare ; Gœthe, incertain, l'adopta, puis la répudia ; et Fichte faillit la compromettre en déclarant qu'il y était arrivé lui-même *a priori* par la voie de la métaphysique ! Ce qui est sûr, c'est que, chez nous, les hommes du bon sens le plus ferme, un Bossuet, un Rollin, en eussent été révoltés. Ne nous étonnons donc pas que l'histoire littéraire de l'Ancien et du Nouveau Testament, avant de se fixer, passe par quelques crises et provoque de bien naturelles hésitations.

L'Eglise anglicane, en ces dernières années, a beaucoup fait pour résoudre ses hésitations dans le sens qui semble être celui de l'avenir. Une publication comme les *Aids to the student of the holy Bible*, qui accompagnent la *Sunday school teacher's Bible*, et qui, publiés en 1877, ont été plusieurs fois réédités depuis, — à l'imprimerie de « Sa Majesté », — donne une idée assez exacte de l'état de l'opinion « traditionnelle », vers 1880, en ces matières. L'esprit stationnaire y trouve une expression modérée. C'en est un signe caractéristique que les sciences auxiliaires de l'exégèse y sont développées aux dépens de l'exégèse elle-même, et, par exemple, que la géographie biblique, la botanique biblique, la zoologie biblique, la numismatique juive et l'archéologie orientale y prennent une importance qui fait sourire quand on voit quelle attention minime est donnée, au contraire, aux questions religieuses essentielles ou aux vrais problèmes de la critique. Mais cette manière, en crédit vers 1880, est aujourd'hui à bout de ressources. Et de même que le parti conservateur anglais a dû sa valeur politique à ce qu'il a eu toujours l'intuition des réformes nécessaires, et n'a jamais laissé échapper l'occasion de les exécuter lui-même, ainsi l'Eglise établie, conservatrice, s'applique à être réformiste.

Peu de livres témoignent mieux de l'évolution qu'elle a accomplie en ces dernières années que l'*Introduction to the literature of the Old Testament* de M. le professeur Driver, d'Oxford. Les éditions s'en sont très rapidement succédé, depuis 1891, date de la première. Par une fortune assez rare aux livres anglais, une traduction en a été publiée en allemand. On n'attend pas de moi une analyse du livre de Driver, ni l'indication des corrections qu'il consacre dans l'histoire littéraire de l'Ancien Testament. Mais comme mes lecteurs sont peut-être curieux de juger de l'étendue de ces corrections, j'en donnerai deux exemples.

Au temps où l'on considérait communément le livre de Job comme un récit historique et où l'on ne tenait pas compte de la loi de progrès selon laquelle s'est faite la révélation au sein d'Israël, on n'avait aucune hésitation à penser que le livre de Job remontait à l'époque même où Job était supposé avoir vécu, et quelquefois on suggérait que Moïse pouvait en être l'auteur, vers l'an 1500 avant notre ère. Assurément, Job nous est peint sous les traits d'un patriarche, pasteur de troupeaux, et il ressemble fort à Abraham, à Laban, à Abimélech. Mais cette peinture est le fait de l'art. Une étude attentive du contenu du livre met en lumière des traits qui trahissent une phase bien plus récente de l'histoire d'Israël, et, sans qu'il soit possible de déterminer avec précision la date du livre de Job, M. Driver incline à croire qu'il est contemporain de la captivité de Babylone au VIᵉ siècle.

De même, au temps où l'on pensait avoir dans l'Ecclésiaste une méditation authentique du roi Salomon, on ne devait pas hésiter à l'attribuer aux environs de l'an 950 avant notre ère. M. Driver estime, ici encore, qu'une date précise ne peut être proposée, mais que les conditions politiques générales que l'Ecclésiaste suppose, et aussi bien la langue qu'il parle, donnent à penser qu'il n'est pas antérieur aux dernières années de la suprématie des Perses, qui prit fin en 332. Peut-être même est-il plus récent, si vraiment l'auteur a été en contact avec l'hellénisme : M. Driver l'attribue aux environs de l'an 200 avant notre ère.

On juge, à ces deux exemples choisis parmi les plus simples, de l'amplitude du déplacement qui s'est produit. A vrai dire, bien des chapitres de l'histoire littéraire de l'Ancien Testament n'ont souffert aucun glissement. Les prophètes, avec leurs messages d'un relief si puissant et si coloré, sont la pierre angulaire immobile de cette histoire littéraire. Par contre, le groupe de livres, que l'on désigne sous le nom collectif d'Hexateuque, parce que le livre de Josué n'est pas séparable du Pentateuque qui le précède, a été livré à un travail d'analyse critique, qui a eu pour résultat de reconnaître les documents originaux dont il serait l'agrégat, d'assigner une date à chacun de ces documents qui eurent primitivement une existence isolée, d'assigner une date aussi au compilateur, un ou multiple, qui les a rassemblés et ajustés. Si fermes que puissent être les traditions orales ou écrites que ces documents se sont eux-mêmes incorporées, on voit que l'écart serait grand entre cette histoire littéraire nouvelle, et celle qui attribuait naguère encore l'Hexateuque à la collaboration de Moïse et de Josué.

Cette histoire littéraire, telle que M. Driver a contribué à l'accréditer, est donc faite pour dérouter quiconque en est resté à la chronologie des *Annales veteris et novi Testamenti* (1650-1654) de l'archevêque d'Armagh, Ussher. Peut-être, cependant, la culture des sciences naturelles, qui est si répandue en Angleterre, et la culture de l'histoire ancienne des peuples de l'Orient, a préparé les anglicans à replacer l' « histoire sainte » dans l'histoire universelle mieux connue, sans enlever à cette « histoire sainte » son caractère unique et, pour tout dire, surnaturel. La vocation d'Israël demeure ; l'histoire du salut par les Juifs demeure ; la conscience religieuse extraordinaire de ce petit peuple dont Dieu a fait son peuple, demeure ; Israel est toujours le peuple de la loi, le peuple des prophètes ; alors même que la manifestation de cette destinée unique s'espacerait sur une autre chronologie, serait conditionnée par un milieu qui se découvre lentement à nous, évoluerait organiquement. Dieu intervient à son heure et dans les formes qu'il lui plaît de prendre. Une seule chose importe, c'est que son action dans l'histoire soit reconnaissable. Ne nous scandalisons donc pas trop vite que dans l'Eglise d'Angleterre les conclusions de la critique littéraire, en ce qui concerne la Bible juive, aient trouvé crédit auprès d'âmes sincèrement religieuses.

Puis, pour les mêmes âmes, l'Ancien Testament est subordonné, car la personne et l'enseignement du Sauveur et tout autant le lien qui rattache l'Eglise à l'Evangile sont le véritable fondement historique de la foi. Le peuple de Dieu n'est qu'un précurseur, à la manière de saint Jean-Baptiste. Le Christ est seul central : Israel est éclairé du rayonnement du Christ lui-même. Ainsi s'explique la demi-indifférence des anglicans en face des discussions de la

« haute critique » appliquée à l'Ancien Testament.
Ainsi s'explique aussi l'extrême sensibilité que l'on
constate, au contraire, dès que le Nouveau Testament est en jeu. L'intérêt est tout autre, en effet, et
autour des Evangiles surtout, il est vital.

Au *Church Congress,* en 1903, à Bristol, l'exégète qui est actuellement le plus en vue et le plus
écouté en matière de Nouveau Testament, professeur,
comme M. Driver, à l'université d'Oxford, M. Sanday, avait été invité à prendre la parole pour éclairer, pour rassurer aussi peut-être, la très ecclésiastique assemblée, sur le sujet de « la critique actuelle
et les Evangiles » (1). En 1904, au *Church Congress* de Liverpool, on est revenu et plus à loisir
encore à ce même sujet, ce qui prouve combien il a
d'actualité.

Ainsi M. Lock, principal de Keble College, à
Oxford, s'est expliqué sur l'authenticité des quatre
grandes épîtres de saint Paul, — l'épître aux Ga-
lates, les deux épîtres aux Corinthiens, l'épître aux
Romains, — authenticité qui, depuis Baur, est juste-
ment tenue pour inattaquable. Sans doute, on peut
conjecturer que le dernier chapitre de l'épître aux
Romains est un billet distinct du corps de l'épître,

---

(1) Par nos soins, le rapport de M. Sanday a été traduit
en français et publié dans le *Bulletin de littérature ecclésiastique,* 1903, p. 233-241. — Nous le republions plus loin.

vraisemblablement postérieur à la captivité de l'apôtre à Rome, et à sa libération. On peut aller plus loin, et conjecturer que la seconde épître aux Corinthiens n'est pas homogène, que, par exemple, les chapitres x-xiii représentent le texte de la sévère lettre que saint Paul nous apprend qu'il avait adressée aux Corinthiens préalablement aux deux autres. Ces combinaisons valent ce qu'elles valent, mais elles sauvegardent l'authenticité, elles veulent même la fortifier, je dirai tout à l'heure contre qui.

Après M. Lock, M. Headlam, principal de King's College, à Londres, a présenté la défense de l'authenticité des épîtres de saint Paul, que nous appelons « Pastorales », — les épitres à Timothée et à Tite ; — sans rien dissimuler des aspects du problème qui, faute de données positives, ne s'éclairciront sans doute jamais, il a conclu en faveur de l'authenticité.

Après M. Headlam, M. Stanton, professeur de théologie à l'université de Cambridge, entretint le congrès des Evangiles synoptiques, — saint Mathieu, saint Marc, saint Luc. — Il rappela que la critique était revenue de très loin, et que personne à l'heure présente ne s'aventurerait à faire d'aucun des synoptiques une œuvre postérieure à la fin du premier siècle. Aucun d'eux n'est, non plus, une création individuelle, mais chacun d'eux a incorporé des récits préexistants qui représentent ce que l'on savait, parmi les chrétiens, des gestes et des paroles du Sauveur, si bien que la substance des synoptiques dérive du témoignage et de l'enseignement des apôtres et de leurs successeurs immédiats. La comparaison de nos trois synoptiques entre eux permet, de conclure avec sûreté qu'ils ont des sources communes, et qu'à la base des trois est un texte étroitement apparenté à l'évangile de saint Marc. A ce texte primitif, saint Mathieu et saint Luc ont ajouté d'autres informations que saint Marc n'avait pas connues ou qu'il avait négligées : c'étaient des discours ou de simples paroles de Jésus, que saint Mathieu et saint Luc ont recuellies, et qui sont identiques de fond, parfois même d'expression, mais que l'un et l'autre évangéliste a rangées et présentées chacun à sa manière. Les sources antérieures à nos trois évangiles, et captées par eux, jaillissent de l'enseignement de la première heure et nous révèlent quel ferme souvenir se conservait de Jésus et quels traits nets et éclairés formaient sa physionomie et son œuvre... J'ai scrupule d'insister sur ces thèmes, qui sont, à vrai dire, élémentaires, et que nous sommes bien des catholiques, en France et en Italie, à avoir vulgarisés.

Mais il n'était pas inopportun de montrer qu'ils sont acceptés par un congrès ecclésiastique anglican comme autant de données scientifiques désormais acquises, dont la foi se prévaut pour se justifier et dont elle use pour s'éclairer elle-même en toute sécurité.

*
* *

D'où vient donc, dira-t-on, le sentiment que les anglicans eux-mêmes éprouvent cependant en face de la critique biblique ? Il y a de l'impatience, de la nervosité, dans telles paroles prononcées à Liverpool par des savants de sang-froid comme M. Headlam ou M. Stoor. A Bristol, M. Sanday ouvrait son discours par ces paroles significatives : « Je désire vivement que ce que je vais dire soit dit avec un calme absolu, et, s'il m'est permis de le suggérer, soit reçu de même. La situation est de celles que nous avons besoin de regarder bien en face, sans exagérer, soit dans un sens, soit dans l'autre. » Il n'est pas moins symptomatique de voir, à Liverpool, M. Wace, doyen de Cantorbéry, invité à parler sur « les limitations des méthodes critiques modernes ». C'est que, en accueillant loyalement la critique dans l'exégèse, il n'est pas possible de ne pas s'inquiéter de savoir où cette critique conduit. L'Eglise anglicane a constitué la science de la Bible d'accord avec les exigences de toute science historique, mais avec la ferme conviction qu'elle sauvegarderait les vérités essentielles et nécessaires à l'existence même de l'Eglise ; avec la conscience très juste que l'Eglise, dès là qu'elle est et qu'elle vit, est elle-même un fait en fonction duquel sa plus lointaine histoire doit s'entendre. La critique qui se constitue ainsi est, celle que les Allemands ont coutume de qualifier du nom un peu dédaigneux de *Kirchlich :* elle est ecclésiastique, en effet, dans ses tenants et dans ses aboutissants, et elle s'oppose à une critique qui entend être émancipée. Cette opposition est un phénomène qui n'est pas particulier à l'Angleterre ni à l'Allemagne.

Quand on veut l'observer de près, on constate vite qu'il est le produit de deux facteurs, l'un purement critique, l'autre *a priori.*

La critique, en effet, n'est pas uniquement une œuvre d'érudition : restituer un texte dans son état le plus ancien, grâce à un classement méthodique des manuscrits et des variantes ; déterminer l'âge exact ou approximatif d'un document, d'un poème, d'une loi ; reconnaître les sources écrites ou orales qui ont formé ce document, ce poème, ce code, ce n'est là qu'une série d'opérations préparatoires à la critique elle-même, ou plutôt c'est une critique extérieure et qui laisse entier le rôle de la critique interne, celle qui consiste à conquérir l'intelligence du document, à contrôler l'affirmation du document, à calculer la sincérité ou les chances d'erreur de l'auteur et, enfin, à classer chacun à son plan les faits particuliers ainsi recueillis. Taine disait, à propos de Tite-Live, que, dans l'historien, il y a l'érudit qui recueille les faits, le critique qui les vérifie, le philosophe qui les explique, et que tous ces personnages restent cachés derrière le poète qui raconte : nous sacrifions volontiers le poète et nous aimons à faire de l'érudit un mécanicien, mais il nous reste, — pour nous inquiéter, — le critique et le philosophe.

Il faut nous en expliquer.

Les critiques ne font aucune difficulté de reconnaître que le danger qui les guette n'est pas tant de manquer de clairvoyance que de manquer de simplicité. Ce mot d'*hypercritique* a peut-être été inventé par des théologiens de mauvaise humeur, mais il désigne une intempérance qui est réelle, qui est fréquente, et qui sévit dans les études d'histoire religieuse avec d'autant plus d'intensité qu'elle se complique de respect humain et d'affectation d'indépendance.

MM. Langlois et Seignobos, qui ont ici le mérite de n'être pas des théologiens, et encore moins des

réactionnaires, écrivaient dans leur *Introduction
aux études historiques* :

L'hypercritique est l'excès de critique qui aboutit,
aussi bien que l'ignorance la plus grossière, à des mé-
prises. C'est l'application des procédés de la critique à
des cas qui n'en sont pas justiciables. L'hypercritique
est à la critique ce que la finasserie est à la finesse.
Certaines gens flairent des rébus partout, même là où
il n'y en a pas. Ils subtilisent sur des textes clairs au
point de les rendre douteux, sous prétexte de les pur-
ger d'altérations imaginaires. Ils distinguent des traces
de truquage dans des documents authentiques. Etat
d'esprit singulier ! A force de se méfier de l'instinct de
crédulité, on se prend à tout soupçonner. — Il est à
remarquer que plus la critique des textes et des sources
réalise de progrès positifs, plus le péril d'hypercritique augmente. En effet, lorsque la critique de toutes
les sources historiques aura été correctement opérée
(pour certaines périodes de l'histoire ancienne, c'est
une éventualité prochaine), le bon sens commandera
de s'arrêter. Mais on ne s'y résignera pas : on raffinera,
comme on raffine déjà sur les textes les mieux établis,
et ceux qui raffineront tomberont fatalement dans l'hypercritique. « Le propre des études historiques et de
leurs auxiliaires, les sciences philologiques, dit E. Renan, est, aussitôt qu'elles ont atteint leur perfection
relative, de commencer à se démolir. » L'hypercritique
en est la cause.

Ne craignons pas de dire que l'étude critique de
la Bible, une étude où l'intempérance hypercritique
a toujours sévi, passe, particulièrement depuis quelques années en certains milieux, par cet état de dé-
clin décrit par Renan : le bon sens commande de s'en
apercevoir.

Voici un exemple. Dans le premier livre de Sa-
muel (xxvii, 10, et xxx, 29), mention est faite de
Jérahméélites comme d'un petit clan qui, au temps
de David, se trouvait inclus dans le territoire de la
tribu de Juda, au sud de la Terre promise, et qui,
après avoir été primitivement distinct de cette tribu,
fut vite assimilé par elle. Le clan des Jérahméélites
est mentionné deux fois dans tout l'Ancien Testament : nous venons de noter les deux textes où son
nom est prononcé, son nom et rien de plus. Mais
M. Cheyne a entrepris de faire de ce petit clan, qui
n'a pas d'histoire, le pivot de plusieurs siècles de
l'histoire d'Israël. Les Jérahméélites auraient été les
ennemis séculaires, les ennemis les plus acharnés
du peuple de Dieu. Ils auraient maintes fois emmené
en captivité dans le nord de l'Arabie des masses de
population du royaume de Juda, aussi bien que du
royaume d'Israel. Le temple de Jérusalem aurait
été détruit, au moins une fois et probablement plus
d'une fois, par ces terribles Arabes. Leur capitale,
Beth-Jérahméel, aurait eu son temple à elle, que le

roi Josias aurait restauré, qui se serait partagé la dévotion des prophètes, et qui aurait été même, pour le peuple de Dieu, un foyer d'intense vie spirituelle. Sans doute, il n'y a pas un mot de toutes ces péripéties dans l'Ancien Testament. C'est que, soit accidentellement, soit par le fait d'altérations préméditées, toute cette histoire des Jérahméélites aura été effacée de la Bible. Il n'y a qu'à restaurer le nom de Jérahméel ou des villes jérahméélites, Gessur, Arab, Rehoboth, d'autres encore, partout où nous supposerons qu'on les a effacés. Alors, évidemment, se manifestera l'importance méconnue de Jérahméel ! Si les Juifs gémissent tant à tant de pages de la Bible, c'est qu'ils sont écrasés ou déportés par Jérahméel ! Et tous les psaumes ne sont-ils pas l'expression de la lutte contre les Jérahméélites ? Sans compter que la plupart des psalmistes sont Jérahméélites ! M. Cheyne retouchera donc le texte des psaumes pour lui rendre sa forme primitive si fâcheusement corrompue : il nous donnera une édition princeps, on peut presque le dire, accompagnée d'un commentaire qui en renouvelle l'interprétation historique ; le *Book of Psalms* de M. Cheyne vient même de paraître (1904), qui a fait dire, à un critique d'ailleurs plein d'estime pour le savant professeur d'Oxford, d'abord qu'il n'y a pas un mot à retenir de son système, et, par surcroît, qu'il est étrange qu'un homme d'une si rare puissance intellec-tuelle soit si parfaitement dénué de *selfcriticism* et incapable de percevoir une invraisemblance qui saute aux yeux de tout le monde (1) !

Ce paradoxe sur Jérahméel est un bel exemple de la virtuosité qu'un exégète peut déployer dans le dé-veloppement d'une thèse hypercritique, de la grise-rie que sa propre virtuosité lui donne, des restaura-tions arbitraires de texte qu'elle lui inspire, des perspectives imaginaires où elle le fait se complaire, et de l'illusion du réel qu'elle lui donne devant le mirage qu'elle a créé. Ce qui arrive à M. Cheyne pour Jérahméel est arrivé et arrive à bien d'autres pour des sujets plus graves. Les théologiens protes-tants d'Allemagne se sont mal défendus contre cette sorte d'intempérance ; ceux de Hollande ont, de ce chef, une réputation plus fâcheuse encore, et incon-testée. Et ç'aura été l'œuvre de M. Cheyne de faire de son *Encyclopædia biblica* une libre tribune à l'usage de cette tendance ultra ; d'y appeler des collaborateurs soit allemands, soit suisses, soit hollandais, pour la représenter plus authentique-ment ; de donner comme droit de cité en Angleterre à un radicalisme qui blesse au vif le sentiment ecclé-siastique anglais.

(1) *Church Quarterly Review*, oct. 1904, p. 219-224.

Ne nous étonnons donc pas de l'irritation durable que l'*Encyclopædia* de M. Cheyne a causée en Angleterre. Voici quelques jours, la *British and foreing Bible society* tenait sa réunion annuelle et se félicitait d'avoir l'an dernier distribué 5 857 000 exemplaires des saintes Ecritures, dont 350 000 avaient été distribués aux troupes russes ou japonaises en Mandchourie. Un évêque, ancien missionnaire aux Indes, qui assistait à la réunion, M. Welldon, joignit ses félicitations à celles de l'évêque de Saint-Albans et du marquis de Northampton qui présidaient ; mais il saisit cette « opportunité » pour donner à entendre qu'il serait bien vain de multiplier les exemplaires de la Bible dans le monde, si les païens objectaient aux missionnaires que l'*Encyclopædia biblica* supprime toute raison de croire à la Bible. L'évêque Welldon assurait avoir rencontré dans l'Inde des mahométans qui s'exprimaient ainsi. Et ce lui était une occasion d'appeler l'*Encyclopædia biblica* « un monument d'érudite folie ». L'émotion de ce missionnaire est très significative, et son mot, pour être vif, ne manque pas de bon sens.

*
* *

L'hypercritique n'est pas seule responsable de l'inquiétude biblique des anglicans. La critique se

perd par sa propre intempérance, mais elle se perd
aussi par les suggestions qu'une philosophie autori-
taire et négative peut lui imposer. M. Sanday obser-
vait, devant le congrès de Bristol, que la critique
est infiniment redoutable dès qu'elle devient un instrument servant à justifier empiriquement un postulat de l'ordre spéculatif. La sincérité du critique
n'est pas en question ; le postulat, antérieur à toutes
les opérations du critique, affecte, en quelque façon,
l'œil même de l'observateur. Or, en dépit des pro-
testations réitérées d'objectivité, en dépit des dédains
et, disons le mot, des insolences dont usent parfois
les critiques soi-disant libérés à l'égard de quiconque
est soupçonné par eux d'être confessionnel ; de récents incidents ont montré que cette objectivité n'est
le monopole de personne, et moins encore du protestantisme évangélique. Se fût-il débarrassé de tout
dogme, de tout sacrement, comme il y veut tendre ;
n'eût-il gardé dans son symbole que l'ombre d'une
ombre ; il n'en serait que plus suspect et plus à
contrôler dans ses enquêtes historiques. M. Sanday
a fait cette remarque très fine, qu'il y a trois choses
dont M. Harnack, par exemple, parle rarement sans
quelque épithète désavantageuse : l'Eglise, le dogme,
le culte. M. Harnack, qui est critique, est aussi
orfèvre ! Son idéal religieux, pour rester un idéal
chrétien, doit coïncider avec l'essence de la pensée

du Christ : pour obtenir cette essence, il faudra que
M. Harnack filtre l'Evangile à un filtre qui ne laisse
passer aucun germe de dogme, de sacrement, de
liturgie, d'Eglise. Les textes seront soumis aux
réactifs les plus vigoureux. Et c'est précisément cela
qui nous inquiète dans toute critique protestante.
M. Sanday a pu dire bien judicieusement que, en
vérité, tous les écrivains qui donnent le ton à l'*Encyclopædia biblica* « représentent une réaction, et,
j'en suis convaincu, un excès de réaction, contre
la tradition historique de l'Eglise ». Ils sont
les plus dissimulés, les plus retors des réactionnaires.

Toutefois l'Eglise établie est aux prises, moins
avec le vague évangélisme d'un Harnack, qu'avec un
rationalisme plus étroit, positiviste d'inspiration, et
aux yeux de qui le surnaturel est l'irréel. Il n'y a
plus de religion que de l'inconnaissable. Un des
évêques anglicans les plus considérés pour sa science,
pour son talent, pour son caractère, le docteur Gore,
évêque de Worcester, — il vient de passer au siège
de Birmingham, — parlait, en octobre dernier (1904),
à Stratford-sur-Avon, en termes voilés, de « quelques
hommes » disposés à considérer comme légitime
qu'un clergyman récite dans le *Credo* des articles,
comme la conception miraculeuse de Jésus ou sa
résurrection, de la réalité historique desquels il dou-

terait. Quand un homme, ajoutait l'évêque, s'est convaincu qu'il ne peut honnêtement affirmer qu'un article historique du *Credo* est véritablement un fait, la conscience publique de l'Eglise doit lui dire qu'il n'est plus qualifié pour être ministre de cette Eglise. L'évêque de Worcester, en s'exprimant ainsi, pensait au cas d'un membre de son clergé, M. Beeby, qu'il a eu à censurer publiquement naguère, et mieux encore peut-être au cas du chanoine Henson, qui a fait si grand bruit ces derniers mois, tant à cause du talent et de la situation de M. Henson, — il est chanoine de Westminster, — qu'à raison de l'intervention de l'évêque de Londres, qui lui a infligé un blâme public.

L'état d'âme de M. Henson est celui d'un clergyman, fervent admirateur de Renan, de Mathieu Arnold, de Robertson Smith, de Wellhausen, de Harnack, et qui concilierait toutes les alternatives de sa conscience en la dédoublant par la distinction du rôle de l'historien et du rôle du théologien : la valeur historique du dogme n'aurait plus d'intérêt pour la foi, qui n'en retiendrait que la valeur religieuse. Distinction vraiment bien commode, sinon très logique, mais grâce à laquelle les récits de l'Ecriture seraient livrés au rationalisme. La critique historique est ainsi identifiée avec une négation philosophique. La critique historique, écrit M. Henson, « nous met à même de débarrasser Jésus-Christ des contresens gênants de ses biographes primitifs » ! Voilà pour le passé. On y gagnera de reprendre contact avec la « pensée nationale », et de rentrer dans le « courant de la vie nationale ». Voilà pour l'avenir. Ne dirait-on pas que ce chanoine parle comme notre M. Séailles ? Et c'est bien, en effet, la « libre-pensée » avec son dogmatisme à rebours.

C'est ici que triomphent les conservateurs de la vieille école, irréductibles à tout ralliement à la méthode historique, et dont M. Mallock est un authentique représentant. Dans un article du *Nineteenth Century* de septembre dernier (1904), intitulé : *La libre-pensée dans l'Eglise d'Angleterre*, il prend par feinte, une grosse feinte, la défense de M. Henson et de M. Beeby. Quoi, dit-il, l'évêque de Londres censure M. Henson sous prétexte qu'il nie le fait de la résurrection, et l'évêque de Worcester frappe M. Beeby sous prétexte qu'il nie le fait de la conception virginale de Jésus ? Comment un critique comme l'évêque de Worcester n'a-t-il pas vu que ces deux négations ne sont pas des témérités individnelles, mais le résultat fatal de la méthode historique appliquée à la Bible ? Nos jeunes clergymen formés à l'école de M. Driver ou de M. Sanday découvrent des récits légendaires dans l'Ancien Testament ; c'est à merveille, et la critique le demande ainsi, paraît-il ; mais pourquoi n'y aurait-il pas de légendes dans le Nouveau Testament? Est-ce que le même critérium qui fait dire que les vieux livres hébreux reflètent les croyances du temps où ils ont été écrits, et que les auteurs sacrés parlent des choses du passé comme ils parlent des choses du firmament, ne vaut pas aussi bien pour les évangiles? Et donc sur quoi l'évêque de Worcester ou M. Sanday s'établira-t-il pour soustraire à l'investissement et à l'assaut de la critique, des récits comme ceux de l'Annonciation, de la Transfiguration, de la Résurrection, de l'Ascension? La critique, dès l'instant qu'on l'a adoptée, doit être suivie jusqu'au bout, et nous voici, à brève échéance, conduits par elle nécessairement à la négation du surnaturel, de l'incarnation, du christianisme.

La logique de M. Mallock est la logique d'un homme qui n'est guère familiarisé avec la littérature biblique. Assurément, il ne viendra pas à la pensée de M. Gore ou de M. Sanday de soustraire aucun récit biblique à l'application de la méthode historique. Mais d'abord la critique littéraire nous apprend, fort à propos, qu'il y a récit et récit. Un récit, d'apparence historique, peut, en dernière analyse, être une parabole, c'est-à-dire une fiction

destinée à inculquer une vérité morale ou religieuse :
et chacun sait que la question se pose, non pas
simplement pour des récits comme l'histoire du bon
Samaritain ou de l'enfant prodigue, mais pour des
livres entiers comme Ruth, comme Tobie, comme
Jonas, comme Judith, comme Esther. — Il arrivera
encore à un récit d'être emprunté à un document ou
à une tradition préexistante : l'écrivain sacré rapporte
ce qu'il a appris, et, sauf le cas où il en garantit
explicitement le témoignage, le document et la tradition gardent leur valeur historique intrinsèque,
qui pourra être de premier ordre, et aussi bien passer
par tous les degrés qui séparent l'histoire de l'épopée
ou de la légende. — Ces principes de critique littéraire n'ont rien de proprement anglican, étant les
principes mêmes pour lesquels ont plaidé parmi
nous des exégètes comme le R. P. Prat et le R. P. de
Hummelauer, ils introduisent dans l'estimation de
la valeur historique des récits bibliques une échelle
de nuances dont M. Mallock n'a pas le moindre
soupçon.

Appliquera-t-on cette même échelle aux récits des
évangiles ? Y aura-t-il dans les évangiles à discerner
des genres littéraires, et des citations documen-
taires ? Supposons-le. Mais qui ne voit aussitôt combien le champ de cette application est étroit ? Entre
le temps où vécut Abraham et le temps où la criti-

que nouvelle place la rédaction de la source jahwiste de l'Hexateuque, il y a un intervalle de mille années. Pouvons-nous traiter les récits évangéliques comme s'ils avaient été rédigés pour la première fois au milieu du XIe siècle de notre ère, et comme si saint Marc ou saint Luc étaient contemporains de Raoul Glaber et du pape Grégoire VII ?

M. Mallock sait très bien qu'il n'y a point parité, et que l'histoire évangélique échappe aux analogies soi-disant impérieuses dont il la menace. S'il l'ignorait, il n'aurait qu'à lire le magistral article « Jésus-Christ », que M. Sanday a écrit dans le *Dictionary of the Bible* de Hastings. En Allemagne, et plus récemment, le petit livre du prof. Bousset, *Que savons-nous de Jésus ?* lui donnerait un enseignement semblable. Même les critiques avancés, comme M. Jülicher, en Allemagne, qui font durer le plus longtemps qu'ils peuvent la période où la « matière évangélique » est demeurée à l'état plastique, — et cette période ne va pas au delà de la trentième année qui suit la passion du Sauveur, — même ces critiques sont obligés de reconnaître combien est ferme la tradition primitive qui conservait les paraboles essentielles, les sentences caractéristiques, les discours et les gestes où s'est marquée le plus fortement la personnalité de Jésus, les grandes lignes de son ministère et le récit de sa passion. En vérité, M. Mallock est bien mal venu à trembler pour le christianisme.

Quant à la foi à l'incarnation, elle n'a reposé à l'origine ni sur le récit de la Transfiguration, ni sur le récit de l'Ascension, ni même sur le récit de l'Annonciation. Ni saint Paul, ni saint Jean, ni saint Marc, ne font appel à ces « signes » pour attester que Jésus est le Fils de Dieu. Et pour nous-mêmes, ces récits seraient-ils croyables, si, au préalable, nous n'avions quelque raison historique de croire que la personnalité de Jésus est unique et transcendante ? La grande affaire est de trouver, en dehors d'eux, cette raison historique de croire.

Or, notre foi ne diffère pas de celle des disciples immédiats de Jésus : leur foi est née de leur contact immédiat avec le Maître : elle a passé de son âme dans leurs âmes, pour venir un jour jusqu'à la nôtre. Cette foi que Jésus lui-même a fait jaillir dans le cœur des Galiléens par lui choisis, cette foi qui tient à sa personne, cette foi que son enseignement précise et développe, cette foi que ses miracles et sa résurrection confirment à jamais, cette foi est tout ensemble un fait historique et une observation historique. Elle est la prise de possession de Jésus par l'humanité. Si, oserions-nous dire, tous les hommes ont péché en Adam, tous les croyants à venir ont été persuadés et subjugués dans les disciples immédiats. Et c'est notre raison historique de croire. En quoi, nous appliquons la méthode historique jusqu'au bout de ce qu'elle certifie : à la limite où elle avoue ne plus pouvoir affirmer, où elle déclare que l'inconnaissable ou l'inouï commence, nous la remercions de ses services, pour revenir à nos dogmes, et nous la conjurons de ne pas nous importuner de ses insistances à vouloir muer nos dogmes en mythes, comme fait M. Cheyne pour l'Annonciation (1).

Voilà ce que M. Gore ou M. Sanday pourraient répondre à M. Mallock, et voilà ce qu'en effet on lui a répondu dans le *Nineteenth Century* même. Le surnaturel évangélique est historiquement attesté par les témoins dont nous possédons le témoignage. La méthode historique nous permet de saisir le fait à travers le témoignage, et la certitude du fait est liée à la valeur du témoignage. Que, à cette échelle, et abstraction faite de toute autorité extérieure à la critique historique, cette certitude ne soit pas la même pour tous les faits, c'est ce que notre Pascal déjà avait clairement vu : « Ce sont les clartés qui méri-

---

(1) Voy. T.-K. CHEYNE, *Bible problems, and the new material fo their solution, a plea for thoroughness of investigation addressed to churchmen and scholars* (Londres, 1904).

tent, quand elles sont divines, qu'on révère les obs-
curités ».

M. Mallock commet donc une confusion perfide,
— à moins qu'elle ne soit simplement grossière, —
quand il identifie la critique historique avec la critique naturaliste. Mais ne serait-ce pas une équivoque
qu'exploiteraient les signataires de cette récente dé-
claration, qui depuis deux mois émeut si fort le
clergé anglican, et qui, inspirée par M. Cheyne,
semble-t-il, voudrait être un plébiscite en faveur de
l'*Encyclopædia biblica ?* Les signataires de la dé-
claration professent que la critique doit s'étendre au
Nouveau Testament dans toute sa rigueur « sous la
conduite du Saint-Esprit ». Mais cet appel au Saint-
Esprit ne nous assure pas que les signataires croient
à l'Incarnation. Eux aussi, comme M. Mallock, ils
impliquent dans leur conception de la critique une
tendance. Et c'est là ce qui autorise un grand
journal anglican, le *Guardian*, à voir dans la décla-
ration un manifeste en faveur de l'extrême rationalisme, non un simple plaidoyer en faveur de la méthode historique.

*
* *

La controverse anglicane actuelle, pouvons-nous
conclure, porte avec elle sa leçon.

Le peuple biblique par excellence y prend conscience, s'il ne l'avait depuis longtemps déjà, que la
critique est inévitable. La science religieuse, comme
le rappelait naguère la *Civiltà cattolica,* passe par
une phase historique, de même qu'elle passa, au
Moyen Age par une phase métaphysique : ce serait
une chimère que de penser la soustraire à ces conditions actuelles d'existence. Le clergé anglican en
fait l'expérience.

La critique appliquée à la Bible donne naissance
à des questions bibliques, et ces questions bibliques
doivent se résoudre chacune, dans sa série, par la
méthode scientifique applicable à la série : les questions d'établissement de texte par la critique textuelle ; les questions de composition littéraire et d'investigation des sources par la critique interne et par
l'examen des témoignages externes, quand ils exis-
tent ; les questions d'histoire par la critique historique. On ne peut pas, ici non plus, accuser l'Eglise
d'Angleterre d'inconséquence. Ce qu'elle cherche,
nous le cherchons. « Trois paroles, écrivait la *Civiltà
cattolica,* peuvent résumer le programme de l'exégète
jaloux de concilier l'orthodoxie la plus rigoureuse
avec le désir d'être de son temps : travailler, au lieu
de discuter ; pénétrer à l'intérieur de la Bible, sans
se contenter d'en regarder seulement la surface ;
mettre à profit les résultats positifs de la science

contemporaine, sans s'obstiner à les nier ou à les contester (1). » Que des esprits de culture ancienne s'irritent de ces transpositions de discussion et s'échauffent contre la méthode historique, le phénomène n'a rien de déconcertant, en Angleterre non plus que parmi nous. Le pape Pie X, en personne, a eu un mot pour eux dans son encyclique à propos du centenaire de saint Grégoire : « Il est des esprits, dit-il, qui, constants dans leur foi, s'irritent contre la critique, la considèrent comme une démolisseuse, alors que cette science, par elle-même, n'est pas coupable, et, légitimement employée, conduit à de très heureuses découvertes. »

Ce qui importe, en de pareilles conjonctures, c'est que cette science, estimée à l'égal d'un service public et d'un intérêt général, soit très largement cultivée. Dans le conflit des tendances opposées, qui donc, en effet, fera le départ entre la critique et l'hypercritique, entre l'histoire objective et l'histoire tendancieuse, entre les conclusions acquises et les hypothèses vaines, entre l'emploi légitime et l'abus ? Une Eglise comme l'Eglise d'Angleterre, où l'autorité doctrinale est précaire et la tradition fragile, est tenue à une science consommée : la conscience collective, qui est à peu près seule juge, a besoin

(1) *Civiltà*, juillet 1902, p. 153.

d'être garantie contre les entraînements et contre les réactions par une information et par une critique de tous les instants. La science de la Bible ne doit donc pas être une spécialité réservée et le privilège de quelques initiés silencieux, mais une science ouverte, distribuée en des livres et en des revues accessibles à tous. La supériorité de l'Angleterre est, incontestablement, que son clergé soit préparé à sa tâche par ses fortes études bibliques ; et que ces études aient pour foyer un haut enseignement qui est une aristocratie du savoir ; et que cette activité si intense soit « modérée » par un épiscopat qui, après avoir compté des hommes comme Lightfoot ou Westcott, en compte aujourd'hui de la valeur du docteur Wordsworth, à Salisbury, ou du docteur Gore, à Worcester ; et qu'enfin tout ce travail collectif réalise le progrès à son heure.

Si, comme nous aimons à le croire, un clergé ainsi préparé et ainsi conduit est à même, mieux que bien d'autres, de traverser la crise où nous voyons l'Anglicanisme entré à cette heure ; si ce clergé, avec le sens qu'il a gardé de la vie ecclésiastique uni à une rare culture, sait se défendre contre les suggestions de timidité, de panique même, que des hommes de peu de clairvoyance lui voudraient inspirer ; s'il sait se prémunir mieux encore contre les intempérances d'une critique négative, dont les conclusions, alors même qu'elles sont présentées ou acceptées par d'authentiques Churchmen, ne peuvent se concilier qu'avec l'agnosticisme, cet agnosticisme dont, en Angleterre, la tentation est plus vive que partout ailleurs ; l'Eglise Anglicane aura donné un exemple de sang-froid et de sagesse qui ne sera perdu pour aucune des Eglises qui « sont sous le ciel ».

APPENDICE

Nous avons demandé à notre éminent ami, M. Sanday, la permission de faire traduire en français son rapport au *Church Congress* de Bristol, 1903. Cette traduction a été exécutée par un de nos jeunes prêtres toulousains, — M. Mercadier, naguère encore chargé d'un cours au séminaire de Southwark, — et nous ne doutons pas que ce rapport ne soit pour tous nos lecteurs une instructive lecture (1).

Je désire vivement que ce que je vais dire soit dit d'une manière tout à fait calme, et, s'il est per-

(1) Le rapport original a pour titre : *L'Interprétation des Evangiles en tant qu'affectée par les récentes méthodes historiques. Travail lu au Congrès ecclésiastique de Bristol 1903 par le Révérend* William Sanday, *docteur en Théologie, professeur de Théologie (chaire Lady Margaret) et chanoine de* Christ Church *Oxford.* — Nous le reproduisons tel qu'il a paru en français dans le *Bulletin de litt. ecclésiastique.* (Voir plus haut, p. 22).

4

mis de le suggérer, soit reçu avec un calme entier. Il y a une situation qu'à mon avis nous avons besoin de regarder bien en face, sans exagération, soit dans un sens, soit dans l'autre. Mon sujet est, naturellement, quelque peu limité. Il traite non du Nouveau Testament dans son ensemble, mais seulement des Evangiles. Il est vrai que les Evangiles sont à ce point la partie la plus vitale de tout le Nouveau Testament, que ce qui s'applique aux Evangiles s'appliquera *a fortiori* au reste, et même affectera toute la position chrétienne.

Au point de vue du sujet qui m'a été donné à traiter, l'on peut dire que, ici en Angleterre, nous sommes entrés dans une nouvelle période, qui a commencé, en parlant par à peu près, avec le nouveau siècle. — Nous pouvons prendre comme point de départ la publication en anglais des leçons de Harnack, qui nous sont connues sous le titre de *What is Christianity* (1), en 1901. La même année vit paraître le second volume de l'*Encyclopaedia Biblica* (par un hasard de l'alphabet il n'y avait eu

____

(1) C'est sous ce titre en effet qu'a été traduit en anglais (chez Williams et Norgate, 1901) le livre de Harnack sur l'*Essence du christianisme* (*Das Wesen des Christentums*, Leipzig 1900). [N. D. L. T.].

rien de grande importance pour notre sujet dans le premier volume) et cet ouvrage, comme vous le savez, vient d'être tout dernièrement achevé (1). Cette année-ci nous avons eu un nouveau volume de la Bibliothèque de traduction théologique (2), *Beginnings of Christianity*, de Wernle, et nous avons eu aussi des traductions de deux brochures remarquables sur *la conception virginale* par Lobstein et Soltau (3). L'on peut dire que l'effet général de ces publications est d'avoir mis le public anglais au niveau de la critique avancée du Continent plus complètement qu'il n'y avait été mis au-

(1) *Encyclopaedia biblica. A critical Dictionary of the literary, political and religious history, the archaeology, geography, and natural history of the Bible.* Edited by CHEYNE and BLACK (Londres, 1899-1903) [N. D. L. T.].

(2) Il s'agit de la *Theological translation library* (Londres, chez Williams et Norgate), qui a donné des traductions anglaises de l'*Essence du christianisme* et de l'*Histoire des dogmes* de Harnack, de l'*Histoire des Hébreux* de Kittel, de l'*Age apostolique* de Weizsäcker, etc. L'ouvrage du professeur Wernle (de Bâle), *Die Anfänge unserer Religion*, date de 1901. [N. D. L. T.].

(3) LOBSTEIN, *Die Lehre von der übernatürlichen Geburt Christi* (Fribourg en B. 1896) publié d'abord en français, *Le dogme de la naissance miraculeuse du Christ* (Paris, 1890). L'auteur est professeur à la faculté de théologie protestante de Strasbourg. — SOLTAU, *Die Geburtsgeschichte Jesu Christi* (Leipzig, 1902) [N. D. L. T.].

paravant. Cette remarque s'applique spécialement au sujet particulier sur lequel l'on me demande de parler. Nul doute que les articles les plus habilement faits sur les sujets du Nouveau Testament dans l'*Encyclopaedia Biblica* sont ceux du professeur P. W. Schmiedel, de Zurich. Il lui est échu de faire les articles « Evangiles », « Jean, fils de Zébédée », « Marie », « Récits de la Résurrection et de l'Ascension », et il a traité ces sujets difficiles d'une manière ample et complète. L'article « Nativité » est échu à un autre érudit allemand, le professeur Usener, de Bonn. Tous ces articles sont significatifs, oui, ils sont significatifs dans l'histoire de la théologie allemande comme de la théologie anglaise, car je ne pense pas que les vues exprimées là aient été jamais exposées d'une manière tout à fait aussi décisive.

Depuis les grands travaux de Keim et de Weizsäcker (1), il y avait eu plutôt de l'accalmie dans la critique plus pénétrante des Evangiles. Ici, en Grande-Bretagne, je peux mentionner le *Dictionary of the Bible* du docteur Hastings (2), le *St. Mark*

(1) M. Sanday fait allusion à l'*Age apostolique*, cité plus haut, de Weizsäcker et au *Jésus de Nazareth* de Keim. L'œuvre de Keim remonte à 1867 [N. D. L. T.].

(2) *A Dictionary of the Bible, dealing with its language, li-*

du docteur Swete, les *Horae Synopticae* de Sir John C. Hawkins, et d'autres ouvrages (1), comme preuve que les savants anglais ne sont pas restés oisifs. Mais il faut dire, pour être vrai, que leurs efforts ont porté avant tout sur la critique littéraire et l'analyse des Evangiles plutôt que sur la critique du sujet qui en fait le fond ; le sentiment général a été que l'analyse des documents devait aller plus loin avant qu'on soulevât des questions plus vastes et plus fondamentales.

Peut-être le temps était-il arrivé de faire un pas de plus. Quoi qu'il en soit, le pas a été fait ; nous sommes directement face à face avec tout le problème ou la série des problèmes que soulèvent pour nous les Evangiles.

Il ne faudrait pas supposer que les écrivains que j'ai cités, ou leurs collègues d'Angleterre et d'Ecosse qui sympathisent avec eux, fussent, sous tous les rapports, tout simplement radicaux et destructeurs. Les fantaisies erratiques de l'école hollandaise (re-

terature, and contents, including the biblical theology. Edited by Hastings, Selbie, etc. (Edimbourg). Notons que le magistral article « Jésus-Christ » du *Dictionary* de Hastings est dû à la plume de M. Sanday [N. D. L. T.].

(1) M. Sanday cite en note le *Saint Luc* de Plummer (1897), le *Earliest Gospel* de Menzie et l'*Historical New Testament* de Moffat [N. D. L. T.].

présentées dans l'*Encyclopaedia Biblica* par le professeur Van Manen), ne trouvent pas de faveur à leurs yeux. Harnack, en particulier, est sur la plupart des points de critique littéraire franchement conservateur. A part une certaine différence de ton dans ses plus récentes assertions sur le quatrième Evangile, il n'y aurait pas une grande distance entre ses vues et les vues largement répandues dans cette contrée-ci. Ni Schmiedel ni Wernle ne sont excessifs dans la critique littéraire en tant que strictement littéraire. Mais dans la façon de traiter le fond des Evangiles, il y a quelques caractéristiques communes que l'on retrouve d'un bout à l'autre de toute cette littérature récente. J'essaierai de les exposer brièvement.

I. — Il y a une grande tendance à limiter l'Evangile à l'enseignement réel de Notre-Seigneur. Jusqu'à présent nous avons, la plupart d'entre nous, été habitués à appeler de ce nom l'ensemble de l'enseignement de tout le Nouveau Testament. Dans les travaux des critiques, ce nom ne s'applique même pas à tout l'enseignement des Evangiles ; le quatrième Evangile est pratiquement mis de côté, et des déductions (1) considérables sont tirées des trois autres.

(1) L'auteur veut dire que quantité d'éléments dans les Synoptiques eux-mêmes sont frappés d'exclusive [N. D. L. T.].

II. — Un autre aspect du même sujet, c'est que les écrivains apostoliques, autres que les Evangélistes, sont critiqués avec la dernière des libertés. Par exemple, Wernle dit dans sa préface : « La fidélité à la conscience chrétienne implique la critique la plus claire et la plus ferme de tout ce qui contredit cette conscience, alors même que cela serait reçu sur l'autorité d'un saint Paul ou d'un saint Jean ; c'est-à-dire que l'Evangile doit être, en pratique, employé comme la règle et la mesure pour tous ses accroissements historiques subséquents. »

Au début de ses leçons, Harnack promit de se servir des écrits apostoliques comme de supplément aux données fournies par les Evangiles : mais il ne réalisa jamais d'une façon adéquate cette promesse.

III. — En particulier, il n'usa pas de ces écrits comme l'Eglise chrétienne avait eu l'habitude d'en user, pour compléter son jugement sur la personne du Christ. Sur ce point, le dégoût pour le dogme, caractéristique de l'école, atteint son plus haut degré. On fait grand cas de reconnaître Notre-Seigneur comme Fils de homme, mais il faut dire qu'on ne fait pas un pareil cas de le reconnaître comme Fils de Dieu.

IV. — Dans la manière dont on traite le récit évangélique nous observons une tendance générale : 1 ° à refuser d'admettre la conception virginale ; 2° à restreindre les miracles aux miracles de guérison ; 3° à adopter de quelque manière l'hypothèse que la résurrection est une vision des apôtres. En somme, il faut dire que le Christianisme de ces écrivains est grandement réduit dans son contenu ; et nous ne sommes pas surpris de constater que la critique, si librement exercée sur les parties plus éloignées du Nouveau Testament, n'épargne même pas ce noyau central d'où rayonne l'enseignement de Notre-Seigneur lui-même.

La question qui se pose est celle-ci : jusqu'à quel point ces résultats sont-ils le produit naturel et logique des « récentes méthodes historiques » ? Sont-ils réellement aussi scientifiques qu'ils prétendent l'être et qu'on le suppose bien souvent ? Je me permets de penser qu'ils ne le sont pas. Il me semble qu'ils reposent sur une base trop étroite. La supposition d'où ils partent, — que le christianisme essentiel se réduit à l'enseignement du Christ, — n'est, après tout, qu'une supposition, et, je le crois, cette supposition n'est pas valable.

On ne peut bien juger un grand mouvement si on ne tient compte de ses phases premières, et de l'impression qu'il a laissée sur les esprits contemporains les plus cultivés. C'est pour nous un avantage particulier que nous ayons dans le Nouveau Testament l'impression faite par le Christ sur les esprits doués d'un extraordinaire génie pour la religion. Il peut y avoir dans les écrits, par exemple, de saint Paul et de saint Jean, un certain élément qui est dérivé des idées de l'époque ; mais par derrière et par-dessous cet élément, nous pouvons découvrir une fraîche et vivante impression, qui vient directement des faits.

Jusqu'à présent les Chrétiens ont pensé qu'ils ne pouvaient mieux faire que de s'efforcer de reproduire en eux-mêmes une attitude d'esprit semblable à celle qu'ils observent dans ces grands apôtres. Et il y a bien des raisons de douter qu'aucune autre attitude — et en particulier l'attitude des critiques modernes — puisse avoir une égale valeur au point de vue de la religion. De plus, nous avons l'avantage de pouvoir étudier l'expérience d'autres chrétiens éminents durant le cours des siècles. Je crois que cette double étude, en premier lieu de l'expérience contenue dans le Nouveau Testament, et en second lieu d'une semblable expérience durant dix-huit siècles d'histoire chrétienne, est une réelle induction, et une induction qui repose sur la base la plus large possible.

Si nous nous demandons ce qui décrit le plus adéquatement l'effet total de toute cette expérience, — le langage tenu jusqu'ici par toute l'Eglise chrétienne et exprimé dans ses *Credo*, ou le langage tenu maintenant par un groupe de critiques, — nous ne pouvons hésiter un moment à répondre.

Les critiques dont j'ai parlé me semblent être trop pressés de rendre rationnelle l'histoire évangélique. Ils sont trop désireux de rendre le récit des Évangiles conforme aux conditions des autres récits, et de rendre la vie qui y est décrite conforme à la règle des autres vies. Je ne pense pas qu'il y ait rien, au moins dans la partie la plus saine des méthodes historiques modernes, qui nous oblige à agir ainsi.

« Lire la Bible comme n'importe quel autre livre », et supposer que nous n'y trouverons que ce qui se trouve dans les autres livres, sont deux choses différentes. Des effets spirituels uniques requièrent une cause spirituelle unique et nous ne comprendrons jamais la pleine force de cette cause si nous commençons par nier ou amoindrir son unité.

J'ai toujours regardé comme la disposition idéale de rendre à César ce qui est à César, et à Dieu ce qui est à Dieu ; en d'autres termes, de donner à la critique tout ce qui lui convient, et de réserver néanmoins une place pour ce qui est divin. Ce que nous devons faire, c'est de garder un esprit parfaitement ouvert à ce qui dépasse notre expérience aussi bien qu'à ce qui tombe dans son champ. Je sais très bien que ce n'est pas facile, que déterminer les exactes relations de l'humain et du divin dans les Évangiles est une tâche à la fois difficile, délicate et pleine de responsabilités. Je suis loin de penser que le dernier mot ait été encore dit par personne ; et je reconnais franchement que les écrivains dont je diffère grandement, peuvent être réellement utiles et suggérer des idées. Mais, en même temps, j'espère fermement que nous conserverons nos positions par rapport à eux : j'espère fermement que nous ne modèlerons pas nos croyances sur le patron de l'*Encyclopaedia Biblica.*

Il est un avertissement important du docteur Hort : « La critique n'est pas dangereuse, excepté lorsque, comme c'est le cas de tant de critiques chrétiens, elle est simplement un instrument pour atteindre un résultat qui n'est pas cru lui-même comme résultat, mais comme un postulat spéculatif (1) ». Ce sont ces

(1) HORT, *Hulsean lectures*, p. 77.

« postulats spéculatifs » qui ont réellement besoin d'être sérieusement examinés de près. Nous avons, tous, nos postulats ; et pour chacun de nous, ces postulats affectent tout le cours de notre raisonnement ; mais il est important que nous voyions exactement ce qu'ils sont, et le but où ils nous conduisent. Dans le cas des écrivains auxquels j'ai fait allusion, les postulats ne sont pas seulement spéculatifs ou philosophiques ; il y a des postulats d'une autre sorte, qui ont exercé sur leur œuvre une influence plus profonde que peut-être ces écrivains eux-mêmes ne s'en doutent. Ils partent tous de la même espèce d'idéal religieux, qui est plus puissant, parce qu'il est latent plutôt que manifesté, tenu pour concédé plutôt qu'explicitement prouvé. Cet idéal est assez particulier ; ce n'est certainement pas l'idéal commun à tous les chrétiens ; je ne pense pas qu'il serait très largement reçu dans l'Église d'Angleterre.

Il y a peu de temps, en écrivant sur les leçons de Harnack, je ne pouvais m'empêcher de faire remarquer qu' « il y a trois choses dont il parle rarement sans quelque épithète peu avantageuse. Ce sont l'Église, la doctrine, et le culte ». Nous pourrions dire la même chose, avec encore plus de force, de Wernle, et, je m'en doute aussi, de Schmiedel, encore que d'une manière plus latente. L'idéal religieux de ces trois auteurs paraît réduire ces trois choses, — Église, doctrine, culte, — à un absolu minimum. Je me demande parfois à quoi ressemblerait cet idéal mis en pratique. Il pourrait à peine être celui du Luthéranisme ordinaire. On est presque incliné à supposer qu'il doit y avoir en Allemagne une sorte de religion professorale qui existe plutôt dans l'air, dans une *cloud cuckoo-town* (1) religieuse, et ne correspond à aucune croyance d'un corps religieux actuel.

J'ai dit que cet idéal est tenu pour concédé et non pas explicitement prouvé ; c'est là le côté grave, un idéal constamment invoqué et affectant constamment le jugement, bien que cet idéal ne soit nulle part distinctement exposé et amené à rendre compte de lui-même.

Je ne serais pas surpris que Harnack et Wernle (je ne voudrais pas parler d'une manière aussi catégorique de Schmiedel) fussent sous l'impression que leurs propres vues reflètent l'enseignement des Evangiles et même ont été tirées de ces Evangiles. Mais si tel est leur sentiment, j'ai la conviction qu'ils

(1) Mot à mot: ville du coucou dans les nuées, souvenir d'Aristophane [N. D. L. T.].

se méprennent grandement. La conclusion n'est pas sûre. Elle est, je le crois, tirée beaucoup trop par à peu près et trop inconsidérément. En tous cas, je pense que le point faible de l'argument se trouve là, dans la région des présuppositions. Ce sont les présuppositions qui ont besoin d'une preuve beaucoup plus sérieuse qu'elles n'en ont jamais reçue.

La vérité est que tous ces écrivains représentent une réaction, et, j'en suis convaincu, un excès de réaction, contre la tradition historique de l'Eglise. La vraie solution, j'en suis sûr, doit être cherchée plutôt suivant la méthode de l'Eglise, c'est-à-dire avec plus d'égards pour la continuité historique, avec une foi plus ferme que la direction divine de l'Eglise, à travers tous les siècles, n'a été ni réellement, ni fondamentalement fausse.

TABLE DES MATIÈRES

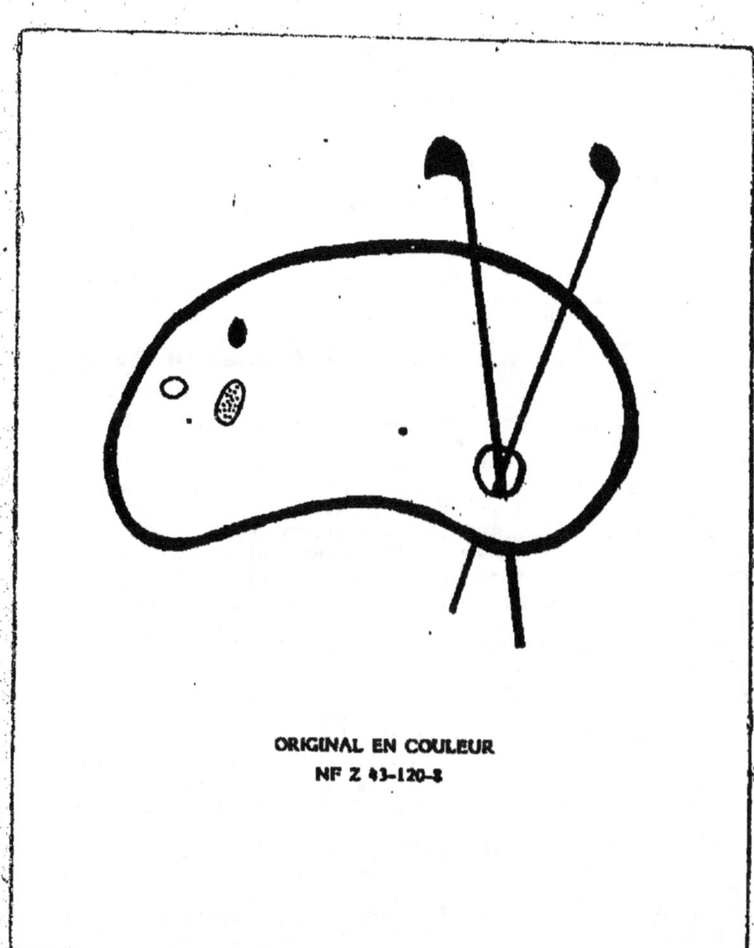

ORIGINAL EN COULEUR
NF Z 43-120-8

9 782012 847187